U0034871

開運一本通

Great Tips To Activate Good Luck

要開運，就看這本書

命理名師 鄭雅勻

一生好命好運好幸福

　　當幸福來敲門時，你準備好了嗎?幸福就在你的腳下，開始上路吧！從你翻開這本書開始，你已走上幸福之路。

　　這幾年來畢業生找不到工作、物價飛漲、薪資倒退……就連退休長輩的年金問題都紛擾不休，我們的幸福指數越來越低，生活中的苦悶越來越高，每個人都在問：我的幸福到底在哪裡？

　　因為這樣的原因，鄭老師特別寫了這本開運書，書裡面的127種開運魔法簡單又好用，這些開運法能夠指引你通往幸福的捷徑，讓你比別人更快速的抵達幸福的彼岸，一生好命好運好幸福。

　　如果你問：我的幸福到底在哪裡？鄭老師說：幸福都在這本書裡。

目錄

第1章

一定要做的招財轉運法

五福臨門求財法

【準備物品】

1. 綠色闊葉植物一盆

2. 木炭七條

3. 紅緞帶一個

4. 硬幣七枚（每一枚請用保鮮膜包好）

【做法】

1. 將硬幣先放在盆栽內，上壓木炭七條，木炭必須用紅緞帶綁住，放在闊葉植物內，放在家中明財位，有時也可以放在陽台上。

2. 每七天澆水時，先將清水準備好，並默唸「想要得福先惜福，想要惜福先知福，想要知福先行福，想要行福先有福」7遍，就把水澆到盆栽中。

3. 澆水時先將木炭拿起並在太陽底下曝曬，重點是必須將濕氣去除，也就是將漏財的霉運去掉，此動作不能省略，木炭可以除濕除穢！

願望樹小偏方

【準備物品】

1. 一個不透明的盒子，高度約5公分

2. 長5公分，寬3公分的紅紙一張

3. 細竹節一支約4公分

4. 紅緞帶一條

5. 綠色植物一盆

6. 農民曆上祈福日

【做法】

1. 在紅紙上寫下自己的出生年、月、日、時辰。

2. 細竹節綁上紅緞帶。

3. 於祈福日當天，將寫好的紅紙及細竹節放在盒子內。

4. 連續7天，將盒子拿出來，並默唸「我要達成 XX願望」。

5. 7天後將小盒子埋在盆栽內，放在前陽台的位置。

前陽台代表主人的運勢與發展，竹節代表節節高升，有了這棵願望樹，將實現你所有的夢想。

9

保富財寶袋

【準備物品】

1. 紅色小福袋
2. 金元寶一枚
3. 龍銀兩枚
4. 鹽水（粗鹽＋礦泉水）

【做法】

1. 將龍銀以鹽水洗淨，在陽光底下曝曬三天，每天曝曬至少四小時。
2. 將龍銀及金元寶放在紅色福袋中，待過好香火後，即可隨身攜帶。

　　保富財寶袋是以古代錢幣為主，主要是求能擁有「三才之氣」。天才：龍銀至少有千年的歷

史，為天才。人才：龍銀曾經無數人使用，為萬人錢，為人才。地才：龍銀有被陪葬或埋在地下，為地才，藉由「三才之氣」及元寶的靈動力，可以將辛苦賺來的錢存下來，不至於流失，自然就愈來愈富有。

　　人因夢想而偉大，藉由夢想和希望，激勵鼓勵自己，堅持信念，積極進取，實現真實的願望，成功將屬於你。

轉運小福袋

【準備物品】

1. 金色小布袋，或金色
   紙袋
2. 綠色碎石水晶
3. 黃豆、紅豆、綠豆、
   花豆、黑豆五色豆各7
   顆

【做法】

　　將綠色碎石水晶及五色豆放在金色福袋中，
隨身攜帶。

綠色是求正財的幸運色，而五色豆象徵五方正財，藉由水晶的靈動磁場，隨身攜帶。

　　記得無論任何的福袋、轉運袋，做好之後，必須到大廟主爐過香火，順時鐘繞三圈，並稟報自己的姓名與生辰八字、居住地址，那麼這個福袋，已經有神明的加持，加上自己的誠心祈求，無形當中，財運自然源源不絕。

「發發」生財袋

【準備物品】

1. 黃色小布袋，或黃色紙袋

2. 五十元硬幣一枚，十元硬幣二枚，五元硬幣三枚，一元硬幣三枚，共八十八元

3. 鹽水（粗鹽＋礦泉水）

4. 紅紙，黑色筆一枝

【做法】

1. 將八十八元以鹽水洗淨，在陽光底下曝曬三天，每天曝曬至少四小時。

2. 用筆在紅紙上寫下個人生辰八字，及「對我生財」四個字。

3. 將八十八元及紅紙放在黃色小布袋中，待過好香火後，即可隨身攜帶。

「八八」生財轉運袋，象徵「發發」生財袋，當遇到困難或財運不佳的時候，拿出二十二元，代表利頭利尾，放在自己原有的金錢當中使用，此時生財轉運袋還有六十六元，又代表「六六」大順轉運袋，記得一年當中僅可使用轉運袋裡的二十二元，可以在您最需要的時候，使用它，效果加倍。

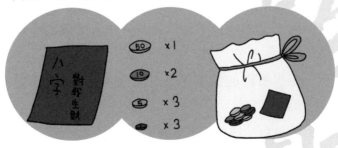

客廳招人氣求財氣

【準備物品】

1. 準備一個瓶口小、瓶底深的陶瓷甕
2. 世界各國的錢幣不拘，開運錢168元
3. 黃色、綠色碎石水晶
4. 黃水晶的元寶（如果沒有，可以買一般的金色元寶即可）

【做法】

1. 將黃色、綠色碎石水晶洗淨後在太陽底下曝曬3天。
2. 世界各國的錢幣不拘，開運錢168元放在甕底。
3. 將黃色、綠色碎石水晶放在甕中約8分滿。
4. 上層擺放黃水晶的元寶。

【擺放地點】

可以放在客廳的明財位（入門口的45度角），幫助全家招來財運，或是臥房入門口的45度角，幫助個人守住財氣。

招財一把抓
明財位擺對

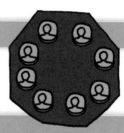

【準備物品】

1. 八卦圖形紅紙一張
2. 八枚50元硬幣

【做法】

1. 50元硬幣用粗鹽洗淨後，在太陽底下曝曬至少3天，每天至少曝曬4小時，時間早上十點到下午兩點最佳。

2. 將洗好的硬幣用雙面膠黏在八卦圖上，人頭朝上。

3. 將做好的八卦圖放在家中明財位即可。

4. 每年可重新做一個。

日日進財聚寶盆做法

【準備物品】

1. 準備一個不透明，瓶底深、瓶口小的陶瓷甕

2. 紅色色紙一張

3. 自己常用的印章，或銀行專用印章一枚

4. 檀香

5. 綠色、紫色、黃色、白色、黑色共五色碎石水晶

6. 1688元的硬幣

7. 農民曆

8. 粗鹽

【做法】

1. 在紅色色紙的背面中間處，寫下欲求財人的農曆出生年、月、日還有時辰，其實就是農曆的生辰八字。

2. 印章用檀香淨化，即點燃檀香，左手拿印，右手拿香，順時針繞三圈即可。

3. 在紅紙的四周蓋上印章，正反兩面都必須蓋好，除了取諧音八八之外，也象徵求八路財神爺降臨，廣求八方財。

4. 五色碎石水晶、1688元硬幣以鹽水洗淨，在陽光底下至少曝曬三天，每天至少4個小時，時間為早上10：00到下午2：00，重點在於水晶消磁淨化，必須要乾燥，如果三天沒有曬乾，選擇七天，或七的倍數即可。

5. 選擇農民曆開光祈福日。

6. 在陶瓷甕的底部最下層放寫好的紅色色紙，
   紅色色紙上方舖1688元硬幣，1688元硬幣上
   方舖五色碎石水晶。

7. 放在房間入門口的45度角。

　　恭喜你，你已經完成了日日進財法聚寶盆的
初步，接下來要靠你每天維繫愛護它。

維繫日日進財法聚寶盆：

　　每日將口袋的零錢丟進聚寶盆，隔天上班或
出門前從聚寶盆拿幾個硬幣出來使用，放入聚寶
盆裡的錢財必須多於拿出來的錢，象徵進的多、
出的少，不知不覺聚寶盆會愈來愈多錢，存到逢

七的倍數，再拿到銀行存起來，等到要做生意、買房子，它就是發財金。

　　這是個人招財法，也適用於全家，只需將個人八字及印章的部分，改為戶長的資料，將做好的聚寶盆放在客廳的小茶几或是明財位上就可以了。

北斗七星留財法

【準備物品】

1. 七枚古錢。選擇農民曆上的祈福日，到廟裡過香火後，拿回來備用

2. 紅色棉線一條

3. 黃色方巾一條

【做法】

1. 請將七枚古錢，用紅線將七枚古錢縫在方巾上成北斗七星狀。

2. 將北斗七星方巾的杓口面向水流來向或車流來向即可，如此就能將水財截住。

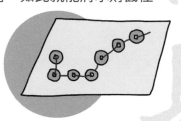

石來運轉旺財集氣法

　　準備大小、顏色不拘的水晶圓球數顆，找出廚房的旺氣方，將米缸內放水晶圓球，擺在旺氣方即可。

如何尋找廚房旺方：

● 下元七運，西元1984年至2003年，旺氣方在西方

● 下元八運，西元2004年至2023年，旺氣方在東北方

● 下元九運，西元2024年至2043年，旺氣方在南方

● 上元一運，西元2044年至2063年，旺氣方在北方

- 上元二運，西元2064年至2083年，旺氣方在西南方
- 上元三運，西元2084年至2103年，旺氣方在東方
- 中元四運，西元2104年至2123年，旺氣方在東南方
- 中元五運，西元2124年至2143年，旺氣方在中央
- 中元六運，西元2144年至2163年，旺氣方在西北方

　　目前走的運程為下元八運，因此只要在廚房的東北方，擺放自製石來運轉小米缸，這個一家糧食的主要來源，將對家人的財運直接產生影響力。

符咒的求法

符咒的種類：

一、帶身符：通常是指我們戴在身上的符咒，它的作用為保平安、驅邪避凶和祈福，常見的有將符紙折疊成八卦的形狀，也有再用塑膠紅套或香火布袋裝好的平安符與護身符，也有做成一張像卡片一樣的平安卡。

二、貼用符：將符咒貼在大門口、房間門上、屋樑上，或廚房及床頭上，它的作用為鎮宅防煞、保身體健康、驅邪避凶。

三、洗用符：將符咒化於水中，用此符咒水來洗身，如靜符。

四、放水符：將符咒放水流走，此種符咒為將壞的運氣、邪念與符一起帶走，也是用來消災解厄用。

五、喝用符：也是用來消災解厄用，或為去除邪氣用。

符咒的求法：

　　求符咒的方法每一家廟大同小異，茲解釋如下：

1. 進寺廟前，衣著以端莊為主，不宜穿著暴露，或奇裝異服，也不宜穿拖鞋進寺廟，這些是對神明的基本尊重。

2. 進任何寺廟皆不宜高談闊論或大聲喧嘩，每一個廟裡供奉的神明不同，但主要都是希望能淨化人心，因此語言或舉止必須輕柔。

特別的禁忌：

1. 參加喪禮或告別式，不可以直接去廟裡，須 24小時後。

2. 有三等親往生者須滿四十九天才可以。

3. 產婦需做完月子才可以。

準備的供品：

1. 請以當季的水果為主，或餅乾，種類以三～ 五種為佳，要取單數，因為為陽數。

   哪種水果不能拜？

   番茄、番石榴、釋迦、榴槤。

   最好的水果：

   桃子、李子、棗子。

   古代之所以敬五果，是取「五福」的用意。

2. 香

3. 金紙

敬神：

1. 先拜拜行三鞠躬，並稟報自己的出生年、
   月、日、時辰、年齡、居住的地址，以及祈
   求的事情。

2. 擲筊請示：一筊即可。

3. 請領平安袋，並再次到主爐過香火，以順時
   針方向繞3圈即可。

注意事項：

　　一般廟宇最常給的三種平安符：

1. 護身符：兵役用，此時必須稟報自己的軍

種、役期，可以一直帶著直到退役為止。

2.行車平安符：必須稟報自己的車號、車型、顏色，此種平安袋亦可以一直常掛，時間愈久效果愈好。

3.契孫平安袋：就是給神明做乾孫用的平安符，每年均必須到廟裡求一個。

四方集氣造運開財法

【準備物品】

1. 金字塔茶晶或茶水晶柱4個
2. 5公分紅紙正四方形4張
3. 50元硬幣4枚
4. 農民曆

【做法】

1. 水晶、硬幣以鹽水洗淨，在陽光底下至少曝曬三天，每天至少4個小時，時間為早上10：00到下午2：00，重點在於水晶消磁淨化，必須要乾燥，如果三天沒有曬乾，選擇七天，或七的倍數即可。

2. 選擇農民曆開光祈福日。

3. 在房屋的四個角落，放置50元硬幣一枚，上

31

壓紅紙一張，再將金字塔茶晶或茶水晶柱放在最上方即可。

注意：此動作必須每半年將水晶拿出來再次淨化效果才能持續。

當人的財運出現不穩定的時候，可能很多不好的事件都會接二連三發生，當整個人情緒最低潮、最無助的時候，我們藉由房屋的宅氣，提升居住者的士氣，重新調整，再次出發，你將會發現，很多的機會將會為你敞開。

土地公紅包袋
開運求財法

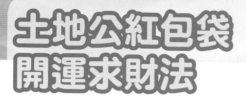

【準備物品】

1. 三炷香，發財金，土地公金，汽水（有氣才會旺），三樣水果（應時的水果，釋迦不適用）

2. 紅包袋一個（正面可寫對我生財）

3. 紅紙一張（正面寫姓名、生辰八字、最常用的銀行帳號，背面寫財源滾滾）

【做法】

　　將寫好的紅紙放入紅包袋內，將紅包袋在主爐上過香火後，拿回來放在家裡供桌上，隔年同一時間隨金紙化掉。

　　沒有供桌者，可以將紅包袋放在枕頭底下，至少3天，下一次拜拜時隨金紙化掉，或放在書桌的抽屜中，時效僅一年。

祭拜土地公禁忌不多，但傳統上以子時祭拜最多，祭品主要以土地公最喜歡的土豆、麻糬、酒三大系列為主，拜「土豆」吃到老、「麻糬」黏錢、「酒」活的長長久久。加上個人準備的牲品、水果都可以。

　　參拜的時間以「子時」最佳，也就是晚上十一點到凌晨一點，據說是因為這個時間土地公剛起床比較清醒。

　　此法適用於農曆2月2日土地公生日效果最好，若來不及於當日，逢農曆的初一、十五或初二、十六都可以來做祈福招財的動作。

第二章

擁有真愛 幸福魔法

浴室開桃花運祕法

1.廁所陰暗潮濕

影響：情緒低落，無力，沉悶。

改善方法：除濕設備，採用白色燈光，擺放黃色向日葵。

2.廁所無通風設備

影響：招來糾紛與是非，人際關係不好。

改善方法：保持廁所乾燥，在洗臉台上面擺放粉紅色或黃色的香水百合。

3.小物品必須排放整齊

影響：思緒不平穩，判斷錯誤。

改善方法：排放整齊，並使用高品質的清潔用品。

4.鏡子霧濛濛

影響：穢氣臨頭，沒有好桃花。

改善方法：擦拭乾淨，如果鏡面對門，可以使用蕾絲布簾將鏡面遮住，要用時再打開。

5.擺放植物有助桃花

將冰冷的牆壁適時的擺放植物，並多用陶製品裝飾，都可以有助於桃花姻緣。

面對外遇有三招

一、防止外遇法

　　女人最擔心的問題，就是婚姻中出現第三者，通常發生這樣的問題，其實男女雙方都有責任，你（妳）的放縱與包容，給她（他）無數的空間與機會，當然也有可能是你（妳）的魅力不再，以下這個方法，將可以避免婚姻危機。

【準備物品】

1. 讓他（她）踩過的腳印的紙，自己踩過的腳印的紙，顏色大小不拘

2. 五色線

3. 膠帶

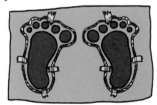

【做法】

1. 將五色線沿者腳印圍繞，兩個都必須圍繞，並用膠帶固定。

2. 時間農曆每月15日晚上，戌時、亥時（7～11點）月神磁場最強的時刻。

3. 放在床舖最底下。

4. 每年必須重新製作一個。

　　十年修得同船渡，百年修得共枕眠，眼前看似絕望的挫折，只不過反射內心的恐懼，家是兩個人的組合，夫妻一起同心，運用兩人的智慧與勇氣，哪怕是再可怕的魔鬼，都將遠離你們。

二、防止心愛的人常劈腿

【準備物品】

1. 黃色正方形紙2張

2. 文具店購買囍字2張

3. 兩人合照2張

4. 紅包袋2個

【做法】

此法必須同時做2
個

1. 將黃色紙張剪成圓
   形，正面貼上囍
   字。

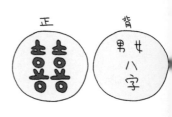

2. 背面寫下男女雙方的生辰八字，及永結同心。

3. 將合照及做好的黃紙，放在紅包袋內。

4. 到月老廟過主爐香火，回來之後放在男女雙方的皮包內即可。

三、趕走第三者

【準備物品】

1. 桃木劍二枝，如果找不到，桃枝一根長7公分，一根長3公分
2. 五色線
3. 黑色小袋子

【做法】

1. 將上列物品到大廟主爐過香火。
2. 於祈福日放在自己的包包與另一半的包包內。

桃木劍，斬妖除魔劍，放在自己身上，增加自己的能量，放在出軌的他身上，可以使第三者自行遠離。

求姻緣祕法

未婚者

此方法適用於未婚者招正桃花，另一半趕緊出現，已婚者能夠維繫真感情，為可能平淡的婚姻生活再次加溫。

【準備物品】

1. 挽面的「鉛粉」，如果找不到，現在在用的蜜粉也可以

2. 時間每月15日晚上，戌時、亥時（7～11點）月神磁場最強的時刻

【做法】

將鉛粉灑在住家大門口，用腳踏過去，朝東南方，至少走7步，可以招來好姻緣。

已婚者

　　將鉛粉灑在房間門口，用腳踏過去，朝東南方，至少走7步。

　　十五日是月圓人團圓的日子，「鉛粉」台灣的發音就是「緣」，讓你婚姻更加圓滿。

爛桃花遠離法

　　此法主要適用於自己情不自禁地一直招惹不好的異性緣，尤其適用於異性緣不固定者。

【準備物品】

1. 桃枝一枝
2. 正方形紅紙一張
3. 珠砂液
4. 全新毛筆一枝

【做法】

1. 於農民曆上的子、午、卯、酉日（桃花日）施行。

2. 用毛筆沾珠砂液在紅紙上寫下自己的生辰八字。

3. 將寫好的紅紙內包桃枝，放在手心上，並默禱爛桃花遠離共7遍。

4. 將桃枝折斷後，將紅紙與桃枝燒毀。
   此法必須連續7次，且必須於桃花日施行。

居家床位大檢測

1. 夫妻房僅可以擺一張雙人床，不可以擺一大、一小床，或兩小、兩大床，否則夫妻易同床異夢。

2. 床不可以離窗戶太近，甚至床頭上方是窗戶，主要影響為當太陽光一照射，夫妻睡眠品質不好，容易產生口角，也會有人乾脆就不睡房間了，如果家中主臥房有這樣的擺設，需將床位同時調整，不要睡在窗戶下。

3. 床不要為大圓形，容易有第三者入侵，或招來不正常的桃花，一定要避免。

4. 盡量不要銅製的床，易造成夫妻冷漠不好溝通。

5. 不可以在房間內放大剪刀，會造成夫妻口角多。

桃花佈局
愛情長久3寶

一、臥房招來好姻緣：

【準備物品】

1. 36顆粉晶

2. 新鮮玫瑰花12朵

3. 透明花瓶1個

4. 玻璃盤1個

5. 紅豆、花豆、綠豆、黑豆、黃豆各8顆

【做法】

1. 將36顆粉晶放在透明花瓶內。

2. 插上12朵新鮮玫瑰花。

3. 將裝好的花瓶放在玻璃盤上。

4. 並在玻璃盤兩側放紅豆、花豆、綠豆、黑豆、黃豆各8顆

【擺放地點】

在臥房的窗台上，或臥室的北方即可。

二、好事成雙成對祕法
愛情長長久久

【準備物品】

1. 另一半衣服的一角，可以是上衣、手帕、襪子

2. 自己的頭髮一段

3. 自己衣服的一角，可
   以是上衣、手帕、襪
   子，必須與情人湊成
   一對

4. 一個紅包袋

【做法】

1. 將自己的衣物與另一
   半的衣物的一角重疊並捲曲，中間再放入頭
   髮一段。

2. 做好後放入紅包袋內，到月老廟過香火之
   後，把它放在皮包內或壓在他的枕頭下，至
   少49天。

三、夫妻和合　小三遠離

【準備物品】

1. 夫妻的照片一張

2. 十元硬幣八枚

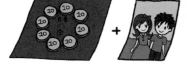

3. 紅紙一張

4. 農民曆上「子、午、卯、酉」日

5. 找出和合位，以生肖判斷，以先生為主

　屬鼠、豬的朋友：和合位在東北方

　屬牛的朋友：和合位在北方

　屬虎、兔的朋友：和合位在西北方

　屬龍的朋友：和合位在西方

　屬蛇、馬的朋友：和合位在西南方

　屬羊的朋友：和合位在南方

屬猴、雞的朋友：和合位在東南方

屬狗的朋友：和合位在東方

虎兔 西北	牛 北	鼠豬 東北
龍 西	中央	狗 東
蛇馬 西南	羊 南	猴雞 東南

【做法】

1. 在紅紙上黏上八枚硬幣成一個圓圈，中間位置寫上夫妻雙方的生辰八字。

2. 選擇「子、午、卯、酉」日其中一天，將照

片掛在和合位就可以了。

　　貧賤夫妻百事哀，一個家庭再也沒有比沒有
錢更痛苦了，很多事情，其實是可以先防範的，
多多關心妳的他（她），多愛他（她）一點點，
藉由陽宅佈局，找到十二宮中的「和氣組合」，
藉由和氣的靈動、兩人的合照，與八方財寶的力
量，遇到困難，一同面對，沒有問題是你們處理
不了的，加油！

如何找到居家桃花位

一、八種座向的桃花位

坐北向南：桃花位在西方

坐東向西：桃花位在北方

坐南向北：桃花位在東方

坐西向東：桃花位在南方

坐東北向西南：桃花位在西方

坐西北向東南：桃花位在南方

坐西南向東北：桃花位在西方

坐東南向西北：桃花位在北方

在居家桃花位放新鮮香水百合花或玫瑰花，此座向方位適用於未婚者求姻緣法，若已婚者不建議使用，可能會招來反效果

二、找到自己生肖桃花位

屬猴，鼠，龍，桃花位在房間的西方

屬豬，兔，羊，桃花位在房間的北方

屬虎，馬，狗，桃花位在房間的東方

屬蛇，雞，牛，桃花位在房間的南方

找到生肖桃花位除了可以在桃花位放新鮮香水百合花或玫瑰花之外，也可以放粉晶七星陣來催動桃花。

三、跟著別人的好運， 找到正桃花法

此法必須參加別人的婚禮，藉由喜宴的節慶，來開自己的桃花緣。

【準備物品】

1. 朋友的喜帖
2. 一盆盆栽
3. 小的拉鍊袋
4. 粉晶24顆

【做法】

1. 必須先參加朋友的喜宴。
2. 將喜帖上的囍字剪下，如果沒有囍字，就在喜帖上寫下囍字後剪下。

3. 將囍字與粉晶放在小拉鍊袋裡，埋在盆栽底下。
4. 將盆栽放在房間內向陽光處，必須要照顧好盆栽，如果盆栽枯萎必須換新。

第三章

招來好人緣
可以很簡單

人際關係圓融法

【準備物品】

1. 黃色福袋
2. 五色水晶
3. 五色線
4. 兩個古錢

【做法】

以五色線將福袋綁好即可隨身攜帶。

五色線也可以帶來好人緣、好姻緣。

在佛經裡，五色線也代表著金剛界的五佛，身戴五色線時，觀想：西方阿彌陀佛、南方寶生佛、北方不空成就佛、東方阿閦佛、中央大日如來佛，五方大佛的佛光照射，可得金剛五方大佛護身。

增加自信心，凡事順心法

【準備物品】

龍銀四枚

【做法】

將龍銀洗淨，並到大廟主爐過香火，回來之後，壓在辦公桌或書桌四個桌腳即可。

龍銀：本身可以防小人，增強自我信心，可以旺財，事事圓滿，有了龍銀壓桌腳，就如同我們可以穩如泰山，不被他人所左右。

玄關招貴人， 小人遠離法

【準備物品】

1. 曬乾的桂花葉6片
2. 東菱石少許
3. 原礦黑碧璽3顆
4. 磁盤

【做法】

將所有物品放在磁盤上，上方有時可以放置新鮮的桂花。

【擺放地點】

1. 放在門口玄關處，若無玄關亦可擺在入門口處即可，桂花：出外逢貴，原礦黑碧璽：防小人，東菱石：開智慧。

2. 亦可以裝在紅布包中，隨身攜帶。

防止小人法

【準備物品】

1. 仙人掌

2. 黑曜岩

3. 紅紙

【做法】

1. 在紅紙上寫上「小人遠離」，貼在黑曜岩背面，黑曜岩須淨化處理。

2. 將處理過的黑曜岩放在仙人掌旁邊，放在家中或房間三煞方就可以了。

- 丙戌年（95年）三煞方在北方
- 丁亥年（96年）三煞方在西方
- 戊子年（97年）三煞方在南方

● 己丑年（98年）三煞方在東方

● 庚寅年（99年）三煞方在北方

● 辛卯年（100年）三煞方在西方

● 壬辰年（101年）三煞方在南方

● 癸巳年（102年）三煞方在東方

● 甲午年（103年）三煞方在北方

● 乙未年（104年）三煞方在西方

　　黑曜岩是防小人中能量較強的礦石，仙人掌多刺，可以鎮住凶方的煞氣，小人因此可以遠離。

　　※ 人生任何過程，需要君子的鼓勵，也需要小人的刺激。

小人已在你身邊

　　這個小人可以算是你最討厭的人，它可能是破壞者，雖然你已知道，卻苦無對策使他遠離，以下的方法可以幫助你。

【準備物品】

1. 白紙
2. 黑色原子筆
3. 圖釘

【做法】

1. 在白紙背面寫下已經知道破壞者本身的名字
2. 在白紙正面寫下「怨」字，寫成一個人型，即怨怨怨寫成像一個人的符號。
3. 用圖釘釘在房間床頭櫃上方，連續3天，3天後將其紙燒掉即可，如果小人一直糾纏，同

樣的方法必須連續做7次。

　　這是一個很容易的方法，主要是當人的情緒在最氣憤下實施，所有的怨氣與意念會頓時產生，對方也會感受到強大的壓力而退縮。

去除厄運增加人緣法

【準備物品】

1. 粗鹽

2. 4個小酒杯

3. 4個小磁碟盤

4. 五色豆各7顆，即黃豆、紅豆、大紅豆、綠豆、黑豆，或五種顏色水晶7顆

5. 陰陽水（生水，開水）

【做法】

1. 將粗鹽放置小酒杯內約5分滿。

2. 再倒入陰陽水。

3. 將做好的酒杯放在小磁碟盤上，五色豆灑在小磁碟盤上即可。

4. 放在房屋的四個角落。

5.每七天必須重新做一次，共連續做七次。

粗鹽可以除厄運，也代表好運到，酒杯與磁盤皆為圓形，圓可以廣增人緣，四個角落表四方貴人，此方法每半年要施行一次，人際關係才會圓滿。

※ 金錢可以買到滿漢全席，但買不到良師益友。

※ 我們不能改變自己的面容，但至少可以改變我們的笑容。

第四章

不可不知的
辦公室開運秘技

辦公室開運六秘笈

一、辦公桌加強人際關係法

【準備物品】

粉紅色的水晶圓球，粉紅色的香水百合，紅紙一大張及一小張

【做法】

在辦公桌的事務機器旁，例如電腦旁、打字機旁，也就是平常在用的事務機的右手邊，可以放置粉紅色的水晶圓球，或粉紅色的香水百合。

另外在還必須在桌子的抽屜當中，舖上紅紙一張，並寫下，張XX萬事皆亨通，壓在紅紙下方，這個動作必須與放在桌面上的百合一起實施，才會有效果。

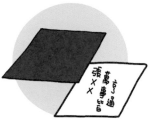

二、辦公室圓滿好運人緣法

【準備物品】

一顆紫色小水晶球，一顆粉紅色的小水晶球，水晶球必須先定位，一張太極圖

【做法】

在辦公桌的東南方，或辦公室的東南方放置太極圖，並在兩個位置放水晶球，如此就可以

了。

　　東南方：在陽宅風水學上講求的是女性柔和之氣，也象徵有鼓舞的作用，因此在辦公室，可以加強人際關係，也可以帶來好運，善用此法，您在工作崗位上將有想像不到的助力。

三、辦公室幸運盒貴人提攜法

【準備物品】

　　紅豆9顆，黃豆4顆，黑豆1顆，幸運盒1個

【做法】

1. 將所有物品準備好後，在陽光底下曝曬至少

4個小時，並放在幸運盒內。

2. 將幸運盒放在辦公桌西北方的抽屜中，或辦公室的西北方的角落上，每49天更新一次，如此貴人將源源不絕出現。

　　西北方：在陽宅風水學上所代表的是君主、長官，也代表貴人方，利用易經卦象中的西北方喜愛的數目及顏色：「一、四、九」，及紅色、黑色、黃色，求貴人早日出現。

四、辦公室防小人法

【準備物品】

桃木七星劍，或水晶劍，或水晶簇，或金錢箭，或仙人掌

【做法】

桃木七星劍，或水晶劍放在正前方的抽屜中。

水晶簇必須放在辦公椅的右後方。

金錢劍則必須放在辦公桌的內側。

仙人掌則必須放在辦公桌的東北方。

上述物品擇一即可，不需每一種皆用，多用反而會招來反效果，原因是刀劍屬於尖銳之物品，多用則貴人不來，反招口舌是非。

五、步步高升法

　　當別人都升官、加薪了，你為什麼停在原點？可能是你做的不好，或是你努力不夠，或是可能你沒有方法，這個方法將助你一臂之力。

【準備物品】

1. 竹製橫笛：節節高升
2. 4串5帝錢

【做法】

1. 橫笛口向上：一路追求向上，橫笛掛在書桌的側方，代表節節高升、一路向上。

2. 5帝錢放在桌子旁邊下面4個角落。

六、賺錢穩住事業有方法

別人做2小時，你做3個小時還做不好。

【準備物品】

順治、康熙、 雍正、乾隆、嘉慶，共5枚古錢

【做法】

沿著書桌最靠近自己的大抽屜，由左至右，由下至上，分別黏在抽屜四角。

店面開運四法

開店是希望努力賺錢,更希望賺錢輕鬆、輕鬆賺錢,因此,我們要教大家如何讓你的店面輕鬆賺大錢,如果是上班族,那就要讓你如何升遷更有望,防止同事間口角。

一、如何使你的店面人氣更旺

如果你看到別人的店面門庭若市,而自己的店面,總是小貓兩三隻,這時候你的心裡一定很悶,我想你的頭上一定產生了很多的問號,這時候,機會來囉!招人氣的小偏方:

葫蘆＋檀香粉,放在收銀機下面。

葫蘆：本身可以裝

酒，濟公愛喝酒，他裝酒的容器，也就是葫蘆，葫蘆本身可以保持酒的香氣跟原味。

檀香粉：穩定磁場的作用。

葫蘆＋檀香粉：葫蘆就會把這個香氣保持住，並且會散發香氣，客人就會被這個香氣吸引住，生意就會好轉。

二、生意興隆法

如果你開的店面，左邊一家跟你相同，右邊一家也跟你相同，同行相忌，分外眼紅，恨不得這時候又有一個方法，這個方法，將使你

的競爭力提高，凌駕於對手之上。

金錢劍＋紅布放在收銀機的下面。

金錢劍：可以斬妖除魔，也使我們提升勢氣。

三、店面招財法

如果你老是覺得努力卻賺不到錢，或者，錢老是不夠支出，這時候，你一定需要這樣一個招財法。下元八運2004～2023年，如果你的店面位於東方、西南方、東南方、北方這四個位置，可利用生

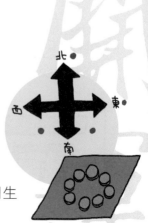

肖石或生肖畫來賺錢。準備紙張，顏色不拘，或生肖照片一張，上面放8枚硬幣，掛在上述方位即可年年一路發。

四、防小人法

開店最怕小偷，怕被搶，怕被別人說你東西不好、太貴、不好吃，這時候，防小人祕法：桃木劍，也可以驅鬼，驅惡魔用的小人，藏在大門不起眼處。

第五章

這樣住
平安健康沒煩惱

八卦陣鎮宅法

　　針對地氣比較濕，家人當中有病痛或無力感時可以適用。

【準備物品】（但不可面對神明）

1. 八卦陣圖
2. 8枚古錢
3. 手結蓮花手印

 x 8

【做法】

　　唸六字大明咒 ～消除四百零四種疾病

　　嗡字，能消除四大共同引發之疾病；

　　嘛字，能消除熱病；呢字，能消除風病；

　　叭字，能消除涎病；咪字，能消除寒病；

　　吽字，能消除膽病；如是能袪除一切疾病。

　　每天唸49遍，唸完之後放在客廳明財位上，連續49天。

注意方位可以更健康

　　房子就像人一樣，人身上所有的器官都有用途，房子也是要方方正正，因為每一個方位都分別代表著身體的某個位置，如果缺了哪一個位置，也代表健康有損，不可不慎！

西北	北	東北
頭.肺.筋骨	腎.膀染.血病.聚.冷	手指.脾胃
西		東
咽喉.氣喘.口舌		肝.腳.不安
西南	南	東南
脾.胃.腸疾.消化良	目病.心疾.時疫	中風.腸.腸疾

　　缺角的位置，民俗上會用36枚古錢平均擺放在缺角的位置，如果沒有古錢，也可以用3個金字塔型的黑曜石分別擺放在缺角的位置上，以補齊地氣。

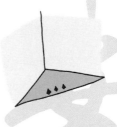

85

宅內平安 身體健康 2個很簡單

一、平安水做法

【準備物品】

1. 玻璃瓶一個，或者其他可以裝水的瓶子一個

2. 粗鹽

3. 四枚十元硬幣，九枚一元硬幣

4. 小磁盤一個，但必須比玻璃瓶底大

【做法】

1. 玻璃瓶內底層先放四枚十元硬幣。

2. 再裝鹽約7分滿。

3. 裝熱開水與冷開水共約8分滿。

4. 玻璃瓶放在小磁盤上。

5. 於小磁盤上放九枚一元硬幣。

   完成後放在每年的五黃煞方即可。

二、平安祛病法

【準備物品】

1. 葫蘆一對

2. 桃木劍一枝，或水晶劍一枝

【做法】

　　將葫蘆與桃木劍於正月15日以前到大廟主爐過香火。

【擺放地點】

　　桃木劍必須隨身攜帶。

　　葫蘆則必須掛在床頭櫃兩側。

麒麟家宅和平法

【準備物品】

1. 可以開蓋的麒麟一隻
2. 五穀：糙米、玉米、小米、小麥、紅豆少許
3. 五色紙
4. 五色水晶（白色、黃色、紫色、綠色、黑色）
5. 紅紙一張

【做法】

1. 將五穀與五色紙、五色水晶放在麒麟身上。

2. 到大廟主爐過香火。
3. 回家放在家中的陽台或玄關處。

4. 下壓一張用紅紙正面寫
下的家和萬事興。

5. 於每日出門或回家前
必須默唸「家和萬事
興」。

【備註】

　　若找不到可以開蓋的麒麟，可以將上述的物
品準備好之後放在紅包袋裡面，並用紅線綁在麒
麟身上，效果一樣。

如何防鬼6小步

　　當時運滯礙，即所謂時運低，此人多是屬陰性，例如：鬼壓床：被壓的時候，會有一股冰冷的寒氣，令其人覺得膽顫心寒，甚至會被壓到心如跌進萬丈深淵。醒後會看見其人的前額印堂位置發黑，面容憔悴。

　　因此提供以下注意事項：

1. 健康狀態不良時：不爬山、不玩水、不去參加婚喪喜慶、不吃供品、不去陌生的地方、夜店等等

2. 清淨自己的心，控制自己的念頭不胡思亂想，且遵守忠孝仁義禮信等倫理道德之實踐，孝養父母、恭愛師長親友，對人以誠、對事以真來圓滿人道。

3. 不可以亂講話，走路抬頭挺胸，飲食、睡眠都要正常，不可熬夜，多運動，要樂觀，平常要想自己就是最好的寶藏。

4. 戴護身符，或是玉珮。

5. 七片榕樹葉、三片茉草、36顆長糯米、粗鹽，放在使用過的紅包袋。

6. 萬一覺得身體很不舒服時，多唸自己的守護神。

輕鬆入住有六寶

傳統朋友皆相信搬家該選個黃道吉日，並遵照傳統的習俗與喜忌，才能有個圓滿吉祥的居住空間，也會覺得安心。

一、簡易搬家擇日法

家中成員每個人個別條件不同，不可以翻開農民曆上的宜搬家或入宅就搬家，因為適合別人搬家日子不見得適用自己，因此簡易要點如下：

1. 盡量找「水」日為佳，少用「火」日。

2. 搬家的日子不可與家人的生肖與日柱相沖。

二、淨宅——搬家前三日進行

【準備物品】

1. 家中食用鹽半碗
2. 家中食用米半碗

鹽　米

【做法】

　　到附近大廟主爐過香火，稟報神明新家的地址及居住在宅內人的姓名，祈求全家平安。回來之後，將鹽、米放入碗中，並將家中門窗打開，在新宅內，由內往外在房屋四周灑淨，

鹽山米山請導走

灑淨同時並口唸「鹽山、米山請帶走」，半小時之後，將鹽、米掃乾淨並丟棄即可。時間為每日中午11：00～1：00之間施行，連續做三天。

三、入宅的民俗做法

【準備物品】

1. **米桶**：裝八分滿的米桶，上面貼紅包袋，內藏十二枚50元硬幣

2. **新的掃帚一組，畚箕上面綁紅布**

3. **新的會發笛音的水壺，內裝十二枚新的50元硬幣**

4. **全新的碗筷六組，取雙數為吉，若家中成員有八人，就必須準備八組，至少是一人一組**

5. 新的電磁爐或小瓦斯爐

6. 新的電風扇

【做法】

　　將上述物品於搬家當日先搬進廚房，其他物品再搬入。

四、搬家下午須祭拜地基主供品

【準備物品】

1. 家常飯，一菜一肉一湯，飯一碗

2. 酒三杯

3. 紅燭一對

4. 三炷香

5. 刈金

【做法】

　　在搬家完成後，當日下午3：00～5：00之間，將祭品放在廚房流理台上，朝後陽台祭拜即可。

五、旺宅法

搬家當日上午11：00～1：00之間，將小瓦斯爐放在房屋正中央，用笛音水壺裝水，內放12枚硬幣，將水煮開，並發笛音約15～20分鐘後，待水涼，將12枚硬幣分別放在家中的櫥櫃或抽屜裡即可，另將電風扇打開，朝房屋四周吹，以求風生水起好運來。

六 搬家的民俗喜忌

1. 盡量說一些吉祥話，不可以亂發脾氣，不可以打罵小孩，不可以哭哭啼啼。

2. 當天不要睡午覺，否則以後容易生病。

3. 當天宜煮些甜湯圓、甜品，全家共食，表示一家團圓、甜甜蜜蜜之意。

4. 搬家時要嚴防動到「胎神」。家中婦女有身孕時，盡量不要搬家。萬一非搬不可時，要讓有身孕的婦女先行離開舊宅現場，且在舊宅每搬動一物，先用「新掃帚」掃一掃，如此可避免動到「胎神」。

第六章

讀書考試有三寶

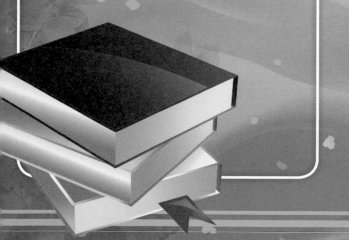

書房事業步步高升法

【準備物品】

1. 萬年青一盆，必須綁上紅緞帶
2. 文昌筆一對
3. 六帝錢（順治、康熙、雍正、乾隆、嘉慶、道光）

【做法】

文昌筆一對、六帝錢（順治、康熙、雍正、乾隆、嘉慶、道光）需去文昌帝君主爐過香火。

【擺放地點】

將所有的物品放在書桌上方或後方，或書房入門口對角線。

書房文昌考運亨通一把抓

【準備物品】

1. 紫色碎石水晶36顆

2. 龍銀2枚

3. 細竹子1枝（或玉石文昌筆）

4. 綠色小布包1個

【做法】

1. 將所有的物品放在綠色小布包裡，隨身攜帶即可。

2. 或者放在房間的西方即可。

從居家格局尋找個人文昌位

　　從居家格局尋找個人文昌位，將書桌或書房放在這，有利讀書。

年次個位數	方位
0	北
1	東北
2	東
3	東南
4	南
5	西南
6	西
7	西南
8	西
9	西北

第七章

一定要知道的
節氣開運法

快樂布置迎新年六六大順法則

一、居家擺設創造好風水

新的一年加強人際關係，客廳鮮花少不了，應景鮮花如下：

代表性鮮花：可以擺在玄關、客廳的一角

1. 菊花：慈禧太后最喜歡吃菊花火鍋，也是過年的吉兆，又名萬壽菊，是長壽的代表，在花朵盛開時，幾乎看不到綠葉，也有「滿盆金」之意。

2. 銀柳：銀柳，象徵有銀子有樓房，銀色花苞打開來是白色的花朵，結根彩帶就是最能招財的吉祥花藝。

3. 竹子：竹報平安，在竹子上掛兩串鞭炮，代表歲歲平安，節節高升之意。

4. 百合：象徵百年好合，喜氣洋洋。

5. 牡丹花：花開富貴，可以招桃花緣。

6. 蘭花：難發，有人不喜歡，要叫報歲蘭，因諧音有「難發」之意，它與松、竹、菊並稱為四君子。

7. 仙客來：會為家中帶來幸福。

8. 鬱金香：開門愈金，萬兩金，象徵多財多福。

9. 佛手芋：也象徵「隨風招感，財運心至」。

10. 金桔：代表吉利，因為四季皆能開花，又稱四季桔是四季豐收的好兆頭。

二、重新啟動聚寶盆能量

　　有聚寶盆的朋友,將盆中的零錢拿去換新錢,包紅包給家人,如果沒有換錢,就把它分成四組,放在角落即可。

　　房子四周如果有盆子、花瓶,不可以是空的,要有寶石,或其他吉祥物品,最簡單的就是放168元錢幣,象徵一路發。

168

三、求考運

　　在正月20日，在書桌上放朱砂印泥，或印章朝自己放，書椅下方放紅色地毯，在過年期間，去孔子廟或是文昌君廟拜拜，求個香火在爐上過火，拿回來掛在書桌上，考試也帶著，也可以放筆，在主爐上過火，「筆也必也」，考試必中。

四、求財運

　　魚缸擺設的方法，不可高於人頭－「淋頭水」，會造成生病，腦力衰退。

　　不可用高腳杯裝水，頭重腳輕，財運不穩，不可過大，下元八運可以放魚缸的位置是西南方與正東方。

五、廚房納財法

　　把米放在米缸中，放一些天然圓球水晶，例如黃水晶、白水晶，米缸要大一點，才可以有空間累積財

富，天然圓球隨著每天舀米動作，保持滾動，石來運轉，讓招財富能量發揮到最大。

六、私房錢——化粧台招財法

化粧台整理乾淨，在抽屜放文鎮，下壓一張寫著自己名字、生辰，及願望的紅紙，再放一些珠寶、項鍊、耳環等，就可開運招財，而化粧台左邊擺放香水、口紅等粉紅色小物品，則可加強桃花運。

開工求財有兩套

開工財源滾滾吸金法

【準備物品】

1. 好時辰（5～9點是理想的時間，尤其是5～7點更理想）

2. 1680元：50元X33枚
   10元X3枚

1680

10 x 3

50 x 33

【做法】

1. 在門口將錢握在手中，轉一圈同時默唸
   「恭迎眾神神靈護佑，十方遇貴人，
   日進斗金，大吉大利，招財進寶，
   八方進財，福到財到，財源廣進，
   開春大吉。」

2. 把錢灑在門口，然後踩在錢幣上並說：

「雙腳踩進來，金銀財寶都進來。」

3. 所有進到辦公室或家裡的人，都要唸（可事先寫在卡片上放在門口）：

「踩金幣迎財氣，迎接一年好運氣。」

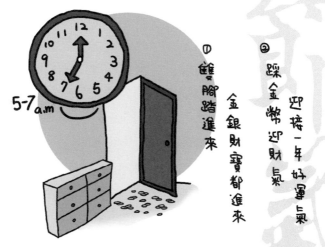

二、接財神、迎財神保佑大法

1. 牲禮敬神，然後打開大門或公司生財工具，做為開張或開工的象徵，這點非常重要。

2. 門口掛兩個帶葉的菜頭，代表新年好彩頭，進門的地方擺上一盆金桔，或是放個盤子，上面疊九個大橘子，象徵招財進寶、大吉大利。

3. 入口處放一些糖果，分送給進門的顧客或過往的民眾，收到糖果的人通常都會說一些吉祥話，可以藉此讓自己的生意得到祝福。

4. 如果有燃放鞭炮的朋友，鞭炮愈長愈好，放完鞭炮，立刻將紙屑掃回（過三天才丟）放在金櫃、錢櫃或財位，表示今年會進財存財。

元宵節八大開運秘法

　　元宵節是過年後第一個月圓的日子，也象徵月圓人團圓的日子，這一天，也是上官大帝的生日，上官大帝喜歡熱鬧、開心，也喜歡喜氣，所以當天大家會吃元宵、提燈籠，來討上官大帝的歡心，祈求上官賜福來，在這個同時我們也要藉由上官賜福的力量來幫助我們招福，還有增進夫妻感情，可以大事化小，小事化無，還有求子的祕法喔！

一、七喜招福法

　　這個方法適用於個人，也就是把你身上最喜氣的物品，要給上官戴一下，會讓你今年福氣一整年。所以準備自己身上最喜歡的7種物品，用一個紅包袋包起來，也代表7喜，就是日、月、金、木、水、火、土，七星所有的物品，跟上官

分享，心誠則靈，誠意是此法最有效用，到大廟主爐過香火回來，戴上，連續戴七天，一年都會開心喜悅福氣滿門。

二、春錢造運祕法

台灣話有一句話是這樣說的：「春（存）錢存過年，年年賺大錢」，如果我們教的祕法你都來不及做，這個時候，必須把握這個時刻，好好的完成它：

1. 紅紙，寫春；紅色福袋，裡面放168枚硬

幣，洗淨。

2. 用紅布袋裝起來，放在大門內面的手把上。

三、求姻緣

　　元宵節是天上第一個月圓日，也象徵月圓人團圓之意，如果可以善加運用節氣，那麼一年之中的第一個圓，將使得未婚男女，早日求得好姻緣；已婚者，婚姻更加美滿，就算夫妻失和，也有機會復合。

【準備物品】

　　花朵一束，香三炷，紅蠟燭一對，水果三樣

【做法】

時間：黃昏五點到七點之間

地點：頂樓，或高處

將準備物品對月亮膜拜，並誠心許願，早日找到另一半，祈求之事即可靈驗。

感情不睦、家庭失和、未婚者感情坎坷，皆可利用元宵夜到寺廟中參拜後，買個風車，據說可回心轉意，百年偕老。或利用月圓時聚會，聚集人氣可使夫妻感情和諧，家庭和睦，戀愛更順利。

四、平安祛病法：

這是一個非常重要造命開運法，而且要越多人越好。

【準備物品】

車輛，過期的藥及藥罐

【做法】

從出門前開始，男生請左腳先踏出，女生請右腳先踏出，將過去吃過的藥，打包帶在身上，出了門先向四方拜拜，象徵向前後左右方位請安，請連續走完3座橋，且不能回頭，途中也不能交談，過完3座橋，請將藥包丟棄，口中可默唸「俗言此夜六鬼空，百病盡歸塵土中」，唸完請趕緊往前走，不要回頭，事後，即可回家，由於現在連續走完3座橋，並非容易的事，因此可以車代步。

五、造命運命法

　　這是一個具有祈福、運命、造命的開運法，一年僅有的一次時間，而且必須在元月十三日進行，至十八日才能拆除！主要是運用五行的原理，來達到相生相合的目的。

【時間】

　　農曆元月十三日進行，至十八日

【準備物品】

　　盆栽3盆，五色彩帶紙

【做法】

　　將盆栽繫上五色彩帶紙，放在玄關或陽台處即可。

六、求子法：

　　台灣話有一句是這樣説的：「走燈腳，阮厷年底做阿爸。」元宵節家家戶戶都要點燈，這時候要掛紅色燈籠，可以掛門口，或陽台處，在晚上7～11點之間點燈，走八卦步，就可以求子。

摸丁求子

　　如果都沒問題只欠東風者，利用元宵節夜晚去摸公共建築如國父紀念館、中正紀念堂、龍山寺、行天宮等正陽門的大門釘，有利生男孩。大門開在中央的，釘要摸的越高越好，先摸左邊門橫摸一圈再拜，再摸右邊門橫摸一圈再拜，沾官氣財氣，當有妙應。

七、增進婆媳感情祕法

　　元宵節的點燈，在民俗上，除了上官歡喜熱鬧之外，我們要撞上官，沒有辦法出去的人，門內外都要燈火通明，引上官到家中賜福，第一個賜福的人就是婆婆。元宵節黃昏時，媳婦要親自將婆婆臥房燈點亮，俗稱「亮眼睛」。如此可以祈求婆婆的眼睛，視力永遠明亮，也可以增加婆媳的感情。

八、求健康

　　五行五顏六色（青、紅、黃、白、黑）的彩紙，紮在家中綠色植物，最多三棵樹，十三日紮上，十八日除掉，既可紮彩花為造命法，又可增加家中喜氣和富氣。

正月十四、十五、十六日若是不出門，可以讓室內外燈火通明，可以照虛耗、除霉運、除晦氣，並播放吉慶音樂引上官至家中賜福。

清明節氣四法求好運

　　清明是全年二十四節氣中的第五節氣，在春分後十五日，約當陽曆四月四日或五日。清明節最重要的活動就是掃墓，清明是農曆三月，這時正是春回大地、風光明媚的時候，也代表萬物的開始，我們就要利用這個氣清景明的節氣，來幫助我們開財運，保財運，去霉運，夫妻和睦相處，如何求子，增健康。

一、開財運

【準備物品】

　　8片榕樹葉，一元硬幣24枚，紅包袋1個

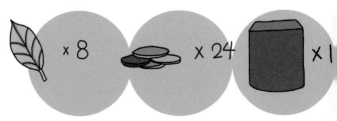

【做法】

於清明節當日壓在枕頭下，時間維持三天，將榕樹葉丟棄，零錢置於屋子內的抽屜中，成為發財母錢。

二、求子法

清明的諧音與聰明相近，民間相信，此日生子最佳，因此教大家求子秘法。

【準備物品】

木炭，小孩衣物，紅包袋，麒麟，綠豆，紅豆，花豆，黑豆，黃豆

【做法】

將麒麟內放綠豆、紅豆、花豆、黑豆、黃豆，代表種子也象徵求子。

木炭用紅包袋裝起來，小孩衣物用紅包袋裝起來，於當日放在床底下。

三、去霉運法

清明是柳樹成長期，柳樹可以化煞打鬼，如果自己覺得最近很倒楣，可以在當日用三枝柳枝泡澡或拍打，把自己不好的霉氣去除，當日還要

飲用清草茶，內服外用。

四、趕走爛桃花法

於清明節當天，在房間四個角落，放置海鹽，每三天換一次，可以除穢氣，趕走不好的愛情，直到爛桃花遠離為止。

五、端午節開運3寶

美白水

【準備物品】

1. 取午時水（11點到13點，泉水或井水最好，如果沒有，就家中的水）洗臉，可以美白除厄運

2. 取午時水供佛，上面擺上菊花一朵浮在水上，待隔天後裝在保特瓶中，當諸事不順，可以拿來淨化身上不好的磁場，亦可以消災解厄

【做法】

取午時蓮花水，用蓮花指沾午時水，彈灑在百會穴（頭頂正中央）、印堂、人迎穴、壇中穴（兩胸中間）、勞宮穴（掌中心），可以除所有的疾病。

甘露水祈福法

地點：家中佛堂或大廟
時間：端午節當天正午11點～1點

【準備物品】

陰陽水（一半冷水一半熱水）

【做法】

1. 利用端午節當天正午11點～1點將陰陽水置

於供桌上，點三炷香向家中菩薩祈求甘露水
（心中有願望也可以說），治病消業障。

2. 待香焚盡，用右手以蓮花指沾甘露水，點頭
頂的百會穴、眉心、喉、心口、兩手心、兩
足心。

3. 將「甘露水」沖泡而成的開運花茶，拿來泡
花茶或直接飲用都會帶來好運。

自製開運香包

【準備物品】

花布袋或紅布袋一個，內裝茶葉、米、雄黃
粉、檀香

【做法】

於端午節前去大廟主爐過香火。

　　端午節當天掛在身上，除了能驅邪，對於記
性不好的朋友，在此時節也可改善，並祈福平
安。

七月求財有四寶

一、破除七月的禁忌

1. 七月可以搬家入宅？可以裝潢房屋？

農曆七月是佛家的「吉祥月」，佛陀的歡喜日，也是要報答父母恩的「孝親月」，也是道家的中元節，是佛與道的大節日，在擇日學方面好的日子還是有的！如果真的擔心，搬家當日上午可用芙蓉草或是茉草洗澡淨身，讓好兄弟不會跟著你，當日下午拜地基主。

2. 七月可以買房？買車？

可以買房也可以買車，如果很擔心，可以將過戶時間延

後，可以跟平常一樣，一起去開心的看房子、看車子。

3.鬼月開刀不宜？不能參加喪事？

七月時去探病或參加喪事，不用特別忌諱，跟平常一樣準備三片茉草、七片榕樹葉、三十六顆糯米、一點粗鹽，或平安符等放身上。

二、鬼月求財、求姻緣、求功名

1.求財

　　農曆七月十五日：求財的好時機，先上香祭拜之後，合掌默唸：「今天是某年七月十五，弟子×××、從事××行業，今天準備乾糧飯菜，金銀財寶，請笑納，弟子懇求四方五路英雄好漢（好兄弟），幫弟子招財路。」

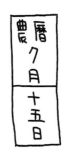

2.求姻緣

　　七月初七日：七星娘娘聖誕，粉餅、口紅、圓仔花、圓鏡、水果、油飯、雞酒，祭拜時默禱：「信士（或信女）×××，今天是×年七月

七日七夕佳節，信士（信女）敬備鮮花、三果（或五果）、金銀財寶供奉，請七星娘娘笑納，幫信士（信女）早日覓得良緣。」

3.求功名

　　七月初七日：文曲魁星帝君聖誕，蔥，芹菜、橘子、梨子、桔子和蘋果，分別代表甘、來、結、果四種意義。用台語發音「甘來結果」，代表有好的結果，祭拜時默唸：「信士（信女）×××，今天是×年七月七日魁星帝君聖誕，敬備金銀財寶，豐盛供品，望魁星帝君笑納，保佑信士（信女）考試順利，成功考上××

學校。」

4.泡溫泉消災

　　七夕去泡湯，可袪除災病，更有養顏美容的效果。也可以去修指甲，並將小指及無名指染上紅色，這樣除了可解厄運，更可求姻緣。

5.飯店住宿防鬼法（鬼壓床也適用）

　1.用右手中指在左手掌心上寫下六字大明咒「唵嘛呢叭彌吽」。

2. 在房間四個角落以左手掌心貼上，每個角落各做一次。

3. 離開飯店時合掌默唸：「奉請土地公作主，弟子XXX承蒙慈悲加持護佑安住，今日圓滿，叩請奉送回歸本位」。

備註：右手中指突出，其他四指彎曲，並用大拇指按住。

中秋節開運五寶

　　一個屬於女人的節日，古代有一種傳說，男不拜月，女不拜灶，按照陰陽的理論，男人屬陽，女人屬陰，因此也有所謂月娘的傳說。

一、求子法

　　在房間貼上「麒麟送子圖」，或百子圖，並在恭奉註生娘娘的廟宇祭拜，記得要準備「紅棗、花生、桂圓、瓜子」，有早生貴子的諧音，當天也是最適合受孕的日子。

二、求姻緣秘法

　　八月十五日是月下老人牽紅線的好日子，當天不論男女身上可以準備兩枚古錢，請用紅線穿好，放在口袋或皮包裡，到月下老人的廟宇（迪化街有），祈求早日得到好姻緣，如果爸媽要幫

小孩求，一定要帶小孩一起去，才會有效果。

三、維繫感情祕法

當天可以一起吃糖炒栗子，會有越炒越結合的意味，如果是感情不好的夫妻，可以用毛筆在紅紙上，寫下「夫妻和合」，貼在床的下方，但不可以讓對方知道。

四、除晦氣，招來好運氣法

　　當天晚上7點後，可以結伴盛裝出遊，在出行時，先起右腳踏八步，八就是發，如果可以，最好可以走過3座橋，就可以「過運」，因為鬼是藉氣而行，橋下有河神，河神可以擋鬼。

五、求財法

　　請用毛筆在紅紙上寫下「招財進寶」，放在紅包袋裡，去附近的土地公廟拜拜，將紅紙在土地公的主爐上面，以左手用順時針方向繞三圈，回來後放在保險櫃、收銀機或住家的明財位上，可以招來好的財運。

健康事業九九重陽開運法

一、花草招財沐浴法

【準備物品】

九朵菊花、九片榕樹葉、九片艾草、九個龍眼殼、九顆米、一點粗鹽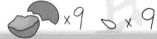

【做法】

於晚間洗澡時，直接將上述材料置於浴缸中泡澡即可。

【緣由】

利用九九為陽氣之極，當天泡澡可以吸收天地之陽氣，亦可將身上的穢氣去除，增進陰陽調和之氣，以求身體健康，達到開運招財。

二、陽宅事業長長久久點燈法

在重陽節當日將屋內所有燈打亮，至晚間11點，可以使事業運長長久久。

【緣由】

燈在五行中為火，而九九為純陽日，沾一點火的陽氣可以使家宅陽氣更旺，全家平安，事業更長久。

三、重九登高接官氣

在重陽節當日，可以往居家的東方找大樓，所謂登高望遠，一來可以避災，二來可以接到官氣。

四、九九長壽法

【準備物品】

九盆長壽菊，紅色三盆（官氣），黃色三盆（財氣），白色三盆（避邪）

【做法】

放在家中向陽處，或是陽台，可以永久吉利，增進健康。

除舊佈新迎好運除夕 6妙招

一、封印

　　方法是在除夕當天，把自己喜歡的印章用紅色的袋子包起來，放在家中或客廳西方的櫥櫃裡，俗話說，財不露白，因此要放到初五財神生日，再拿出來用。

二、貼春聯

　　對聯最後一個字是國語三聲或四聲，貼在右邊，另一聯則貼在左邊，如果兩聯都不是三聲或

四聲，記得用台語或客語唸唸看，就會知道哪一聯要貼在右邊了。

買春聯可以買自己內心渴望實現的對聯，盡量撕貼容易的，不要弄髒門面。

三、燈火通明

將所有屋內的不好的氣，藉由光線照得無影無蹤。

四、洗澡

【準備物品】

三片茉草、七片榕樹葉、三十六顆長糯米、一點粗鹽

 x 7　 x 3　

【做法】

放在水裡泡澡，直到出汗為止，洗淨舊一年的壞運氣，迎接好運

招桃花與人緣

【準備物品】

　　12片玫瑰花瓣（乾燥花亦可）、2朵香水百合、36顆長糯米、一點粗鹽

 X12  x 2

【做法】

　　放在水裡泡澡，直到出汗為止，可以招到正緣。

五、初一迎財神有妙法

大年初一早上五點到十一點往家門外正東方行走，身上帶提款卡，必須經過三家銀行的提款機，每一個提款機都去查餘額，查完之後印出來，用筆多加上一個零，連續三次，回家之後用紅包袋裝好，紅包袋上寫財富滿滿，壓在枕頭底下，直到正月十五日後取出，置於皮包或是書桌抽屜中。

六、壓歲錢

放在枕頭下，初五以前不要用。

七、開印祈福

正月二十日開印祈福法。

【準備物品】

私章、一張壽金

【做法】

將公司或自己的印章，於5點到7點之間拿出來照照面，然後用一張壽金，將印章在四角及中間各印一個章，祈求五路財神招財來，將此壽金放在抽屜中7小時或7天，而後用三把壽金焚之，可旺財、旺事業、旺婚姻。

七、不用的印章

【做法】

1. 農曆十二月二十四日以後。

2. 擇日封印。

3. 用紅紙包起來。

4. 等下一次拜拜時隨金紙化掉（木頭）或利用祭祖拜拜時也可以化掉。

5. 如果印章是象牙類，封好後，等待農曆二月份磨掉或破壞後丟棄，千萬不可磨掉重新使用。

第八章

超神奇生命靈數識人術

生命靈數計算方式

　　出生日期為1987年12月23日的計算方法是：
1＋9＋8＋7＋1＋2＋2＋3=33　3＋3=6，你的生
命靈數就是6，也就是我們通常說的，你就是6號
人。出生日期為1989年6月24號，計算方法為：
1＋9＋8＋9＋6＋2＋4=39，在這裡數值39要轉
換為一位數：3＋9=12　1＋2=3。

從生命靈數看個性

1、8

屬老虎型個性：積極、勇敢、獨立

3、5

屬海豚型個性：樂觀、分享、陽光

2、6、9

屬企鵝型個性：親切、合作、耐心

4、7

屬蜜蜂型個性：分工、公平、分析

生命靈數
招財氣顧健康

生命 數字	1 & 2	3 & 4	5 & 6	7 & 8	9
助運色	藍黑色	綠色	紅色	黃咖色	白金色

生命靈數顧健康

生命 靈數	1 & 2	3 & 4	5 & 6	7 & 8	9
注意 疾病	肝、 膽、 腦神經 系統	心臟、 血液系 統（血 壓）	胃腸、 胃脾、 肉 （腸）	肺、 呼吸系 統、 筋骨 （喉）	腎、 膀胱系 統、 血液循 環（婦 科）

用生命靈數
招桃花求好運

生命靈數	1&2	3&4	5&6	7&8	9
招桃花著運色	紅色	黃咖色	白金色	藍黑色	綠色

生命靈數配戴助好運

生命靈數	1&2	3&4	5&6	7&8	9
適合衣服飾品顏色	綠色	紅色	黃咖色	白金色	藍黑色

投資何種商品對你最有利

如何選擇適合的投資屬性來規避風險

投資工具沒有好壞，只有適不適合；最近不論是股市或投資工具都面對許多不確定因素，許多人因為不懂自己屬性而進入投資市場，加上不懂得如何操作，導致常常是鎩羽而歸，甚至連本都賠上，得不償失。「風險控管」的觀念還是十分重要，所以事先了解自己屬性、了解投資工具並做好配置，才能穩操勝算。「不投資自己不熟悉的產品」，投資是派錢出去幹活的事，要避免人性本貪，可依個人適合項目選擇投資標的物。

例如共同基金、股票、房地產、期貨、選擇權、外匯、結構型商品、黃金買賣。

1、8：

可選擇積極型投資工具，諸如股票、期貨、原物料、單一市場，但除了必須仔細研究之外，切忌過度膨脹信用。

3、5：

可選擇成長型投資工具，諸如股票、期貨，切忌人云亦云。

2、6、9：

可選擇保守型投資工具，諸如貨幣定存、保本型投資，以保本為主再延伸其他商品，切忌不熟悉的投資。

4、7：

可選擇穩健型投資工具，諸如債券等，建議還是以保本為主再延伸其他商品，適度進場避免

錯失良機。

　　從資產配置的觀點出發，配合景氣循環週期，再根據個人的風險承受度，建立一個進可攻、退可守的投資組合，應是較為保險的做法。

　　對於較為積極的投資人，不妨適度提高國內股市投資的比例，建議就全球市場而言，投資比重為國內70%、成熟市場國家15%、新興市場國家15%，而穩健及保守型的投資人，則可以加重成熟市場國家的投資比例。

哪個月投資最有利

流月投資運勢分析

計算：

計算你的個人流月運勢只需要將現今年份
（2013）與你的出生月、日相加，再加上今年當
月份的數字，並縮減為單一數字即可。

例子：2013 = 2＋0＋1＋3 = 6

如果你的生日是1月21日，就會是1＋2＋1=4

個人流年為：6＋4= 10　1＋0=1

如果你要看自己今年五月份的運勢就再加上
5，就會是5＋1=6

五月份流月為：6

1：適合選擇新項目進行投資

2：投資項目會增加，但必須小心分析，不可
　　貿然投資

3：仔細分析，不宜貿然聽信他人而投資

4：適合做交割和買賣

5：仔細分析，不宜貿然變換投資項目

6：多觀察不宜貿然投資

7：切忌投資避免損失

8：適合投資買賣

9：重新盤整等待

你適合做何種工作

1、8

屬老虎型個性：適合開創型、有挑戰性工作

3、5

屬海豚型個性：適合與人互動或業務性質之工作

2、6、9

屬企鵝型個性：適合後勤、客服性質之工作

4、7

屬蜜蜂型個性：適合邏輯性、計畫性之工作

找好貴人最好命

1、8：霸道、不近人情

不要過分強勢和主觀、任性，更要懂得肯定他人的價值，多給人家真誠的肯定。

3、5：不實際

說話不可誇大或口無遮攔，不要太感情用事或情緒化。

2、6、9：軟弱

適時表達自己的意見，更不可以當濫好人，過度在乎別人，答應不該答應的事。

4、7：龜毛

不要過分懷疑及固執己見，保持笑容，多給予他人鼓勵。

找自己的小幫手有妙方

　　許多適性問卷提供業主找適合員工，其實只要透過生命靈數就可以快速找到適任員工，減少訓練時間和成本。

　　若要找獨立完成工作，資源缺乏但開拓市場，可以找生命靈數1、8的人。

　　若要找業務性質且與人互動性高的職務，可以找生命靈數3、5的人。

　　若要找後勤支援及客服性質之工作，可以找生命靈數2、6、9的人。

　　若要找建立SOP或規則計畫、企劃性之工作，可以找生命靈數4、7的人。

掌握自己的流年
創造財富

　　計算你的個人流年只需要將現今年份
（2013）與你的出生月、日相加，並縮減為單一
數字即可。

　　例子：2013 = 2＋0＋1＋3 = 6

　　如果你的生日是1月21日，就會是1＋2＋1=4

　　個人流年為：6＋4=10

　　1＋0=1

　　如果你的生日是4月5日，就會是4＋5=9

　　6（2013）＋ 9 = 15， 1＋ 5 = 6

　　個人流年為：6

　　流年1：撥種：重新出發

　　流年2：整地：整理環境

　　流年3：施肥：注入活力

流年4：收成：收成豐收

流年5：二期稻作：變化及發展，不輕易變動

流年6：病蟲害：外來干擾，小心為要

流年7：防治：辛勞付出

流年8：收成：獲得收成

流年9：休耕：修養生息重新盤整

看桃花指數

1、8：桃花指數50%

因為個性果斷，容易被一些崇拜者心儀。但也會不喜歡你的霸道而離開你。

3、5：桃花指數90%

因為個性爽朗、樂觀，很容易成為人群中的焦點，自然容易吸引異性，更因為對待異性如同對同性一樣沒有距離，容易讓異性誤以為有機會接近。

4、7：桃花指數60%

因為個性嚴謹，舉止優雅，一眼就覺得是紳士淑女，雖看起來不容易親近，但卻是很多人的夢中情人。

2、6、9：桃花指數30%

　　個性內向，看起來忠厚老實，但因為不太在意和追求時尚，外表雖不吸引人，但卻會給人安全感，也因此會吸引一些人的注意。

新婚甜蜜指數

如果能夠改變自己和了解掌握另一半的個性，就能保證甜蜜過一生喔！奉勸如果不能改變，就算真的不適應再換一個伴侶也不會比較好喔！

1、8：

婚姻相處上因為個性屬於掌控型，加上個性直接、霸道，較不懂得體貼和委婉，常會導致對方受不了，甚至覺得很難相處。建議要多溝通告知對方自己的想法，不要凡事以自己為主或自以為是，更不可以有只許州官放火、不許百姓點燈的心態，更需要多付出關心和關懷會讓對方很感動。

3、5：

婚姻相處中太重視感覺、休閒或生活變化增

加樂趣，常會讓對方覺得不實際和無法配合，建議多一些理性和節制，畢竟生活享受要和實際結合，切勿過於浮奢和不實際。

4、7：

個性嚴謹甚至會有些龜毛，多以理性分析著想卻忘了顧及家人的感覺，會讓人有喘不過氣的感覺，不妨讓自己輕鬆一下，也會讓家人有種如沐春風的感覺。

2、6、9：

個性較為傳統，也很懂得包容，是家中安定力量，不過較沒有情趣和變化，所以應該試圖增加一些變化，逐步調整會讓家人驚艷而增加情趣。

妳的他很善變

A B

有時覺得自己或他人為何如此喜新厭舊，有些人更是翻臉跟翻書一樣，捉摸不定，就讓我們了解一下善變指數囉！

1、8：善變指數50%

一旦執著了目標，往往不容易放棄、改變，但8要比1易善變喔！

3、5：善變指數85%

是全部中最高的，什麼都想試、什麼都好，喜歡新奇，沒見過的最能吸引他，初期可以很熱衷，一旦熟悉或覺得無趣就會想換。

2、6、9：善變指數65%

　　不算太善變，但是很重感覺，很容易沉迷於某個人、事、物，有時突然會轉變對另一個，也是醞釀許久所致，絕不是突然。而且只要他要變就會非常徹底。

4、7：善變指數45%

　　是全部中最低的，以不變應萬變，是這類特質人的哲學，較不習慣變化，所以常常待在原地錯失掌控機會。

拜倒石榴裙下的秘法

　　每個靈數都會吸引到不同的人，但若要讓更多的人臣服在你石榴裙下，只要在原來魅力加上一點變化，就能成為萬人迷喔！

1、8：

　　外表給人幹練女強人的印象，往往會讓人忘了妳是女人，只要多展現女人溫柔面和收斂一些肢體動作，就可以增加魅力指數喔！

3、5：

　　本身就是目光吸引焦點的妳，但若要更增加魅力指數，只要讓自己笑聲收斂、行為舉止注意優雅，就可以讓魅力提升到百分百。

4、7：

　　本身就是淑女的妳，只要增加笑容，就可以快速增加魅力，融化周遭男性的心和拘束感。

2、6、9：

　　外表傳統的妳給人好老婆的形象，只要稍微追求時尚，放開束縛，再注意一下外表打扮，就可以成為最有魅力的女人喔！

潛意識數字
看劈腿指數

　　潛意識數字指的是月、日相減後的數字，也就是將出生的月、日相減，但不限是月減日或日減月，都是數字大的減數字小的，但月、日相減之前，月和日都必須先自行相加，且最後只剩下1～9。例如

　　例：生日是8月15日
　　先將1＋5=6
　　然後8-6=2
　　又例如：生日是11月19日
　　1＋1=2
　　1＋9=10　1＋0=1
　　然後2-1=1
　　如果相減的結果是2，表示一生中都必須要注

意兩性關係，換言之劈腿指數有80%喔！

　　如果相減的結果是5，表示活力旺盛但屬於負面的呈現，就容易婚後向外發展，其劈腿指數也有60%。

　　如果相減的結果是7，表示過度理性但屬於負面的呈現，尋求不一樣的嘗試甚至尋求刺激，其劈腿指數也有40%。

　　如果相減的結果是6，表示因為愛過於氾濫甚至不懂拒絕，其劈腿指數也有30%。

你是愛管閒事的好心人

　　周遭有些人總是非常熱心的協助周遭的人、事、物，甚至也常常主動付出關心，總會給人愛管閒事的印象，其實除了每個在乎的事情不同之外，主要還是因為人的特質而有程度上的差異。

4、7：愛管閒事指數40%

　　你看起來不是很愛管閒事的樣子，聽別人聊八卦也不會去湊熱鬧。但如果對方是自己的朋友，遇到困難時真心誠意來找你商量的話，會盡力幫忙，不會隨隨便便敷衍幾句。你才是真正為別人解決問題的人，真正重要的事情儘管放馬過來。

3、5：愛管閒事指數100%

　　熱心有餘，後繼無力型，今天看起來好像怪怪的，發生了什麼事嗎？若對方越是不說越會引起你的好奇而追問不休。你就是這樣熱心又雞婆的人，就算幫不上忙，探人隱私對你來說也是件有趣的事。別人家的事就是你的事，只要有人找你，你一定會兩肋插刀幫忙到底。你還有個毛病就是3分鐘熱度，正在幫忙處理問題的時候，如果中途碰到更重要的事，很可能就會把幫到一半的事丟到一邊，半途而廢就走人了。

1、8：愛管閒事指數60%

　　你對別人的事還算關心，若有人遇到困難要你幫忙也不會馬上拒絕，不過前提是必須等自己

的事情做完再説！

　　你看起來就是一副冷漠又事不關己的樣子，不大願意去管別人的事，別人的心事也懶得去猜測。若有人找你吐苦水、抱怨，你會耐心傾聽的人。

你會是購物狂嗎

各家百貨公司進入週年慶和聖誕節促銷熱季，透過生命靈數可以一窺哪些人購物不手軟，哪些人會依然考慮再三！

1、8：購物狂指數60%

屬於買定離手一族，買東西一定是事先想好要買什麼，不太有興趣逛街，到了特定的地方或櫃位，買了就走，只要是他需要的就會買，也就是不太會去在乎是否是週年慶，如果剛好遇到週年慶，又剛好是他需求的會一次買足，會讓人誤以為他很愛購物。

3、5：購物狂指數90%

屬於敗家一族，喜歡人多的地方，也喜歡逛街，每次逛街通常會買到東西才覺得逛到街，因為喜歡人多也容易受氣氛影響，遇到週年慶在被

搶購的氛圍影響，極容易買一些不需要或過多的東西回家。

2、6、9：購物狂指數40%

屬於實用型，會依照需求買東西，如果非急需品會耐心等週年慶，但也通常等到週年慶時也就不買了，換言之，除非當下有產生需求或被刺激需求，一旦離開等週年慶通常也就不買了。所以銷售者如果能掌握這秘訣，鐵定可以讓他掏出錢來。

4、7：購物狂指數30%

屬於比價一族，會仔細評估週年慶的價格優惠，會耐心等到週年慶再行購買，還會比較不同百貨公司之優惠方案，俾能找到最划算的價格購買。

別讓人隨便佔便宜

　　有些人總是會想要佔人家便宜，尤其是當面對專業人士，如果不自覺的讓自己愛佔人便宜的個性發揮，是很容易讓對方討厭和不耐的喔！

3、5：愛佔便宜指數80%

　　因為個性大方，所以相對也會希望對方不要太計較，但當一般購物殺價尚可接受，但若遇到專業人士，例如律師、會計師、心理諮商師，若在乎價格可以先比價選擇，切勿最後把殺價當作聊天或嘗試，這樣會讓人覺得佔便宜的感覺而留下壞印象。

1、8：愛佔便宜指數50%

　　因為個性直接，所以大多會直接要求好處或在事前依自己的想法跟對方議價，但常常會因為沒有完全顧及對方感受或於沒有概念而隨便喊

價，會讓人不舒服而有佔便宜的感覺；但若遇有知名度且信服之專業人士，就會非常尊重更不會提出無禮要求。

4、7：愛佔便宜指數30%

因為凡事講求證據和數據，也就會非常保護自己的權益，所以當與自己利益衝突時，都會極力爭取，故而導致給人愛計較之印象，相對他較不會佔人家便宜，該給他的就會斤斤計較。尤其他很在乎付出一定要跟獲得有相對等的價值。

2、6、9：愛佔便宜指數20%

因為較會替別人著想，也較會包容，甚至有時會因為鄉愿而自己吃悶虧，其實不是他不計較，而是怕傷了別人的心或傷了和氣，所以常常被別人佔便宜，但是卻會幫自己親人或朋友爭取權益。

送禮送到心坎裡

常常送禮卻發覺不見得受歡迎或預期的興奮和珍惜，只因為沒有送對東西而已。

1、8：

品牌至上，成功人士所推薦最佳。

3、5：

花俏、特殊、顏色較鮮明，如果是藝人推薦最佳。

2、6、9：

務實、耐用、實用、感性為主，如果是親朋好友推薦最佳。

4、7：

質感重於品牌，專業人士推薦最佳。

您的關心是助力嗎

1、8：

不要過分強勢，或以自己標準去要求別人達成，尤其不要設定不可能完成的目標造成別人的壓力。

3、5：

不可因為心情起伏影響對別人的態度，給予鼓勵同時記得給予方向。

2、6、9：

不可過分關心和溺愛，關心同時積極了解協助分析和按部就班。

4、7：

不要過分擔心緊張，更不要常常碎碎唸，多給予鼓勵。

女人可以靠自己

　　女性在日趨平等的社會地位中，已經可以憑自己的智慧、能力，在社會上和男人公平的一較長短，而什麼樣數字的女人，最有機會在職場上一展長才，成為名副其實的職場女強人呢？

第一名：生命靈數 1

　　第一名當然就是1的女人莫屬了，能力卓越，好勝心強，不願在工作上屈居於男性之下了，具有領導特質，強烈的領導慾是在工作上能成功的原因之一，她為了面子與尊顏，整天都在想要如何做才能讓工作更圓滿更成功。所以這種女人在工作上的全心全意和不想輸給男人的拼勁是不容小覷的。

第二名：生命靈數 8

第二名是恨為女人的8，因為她是男人的心，也有真正男人的鬥志，她的頭腦清晰、手腳俐落、處理事情明確果決，再加上性格剛直堅韌、毅力驚人，比起其他的女性，她更能吃苦耐勞、不畏挫折，而且愈挫愈勇。競爭激烈的工作環境反而更能凸顯她沉穩的氣質和負責任的工作態度，也進而帶動她在工作上的非凡成就。

第三名：生命靈數 7

第三名是思慮周詳、反應敏捷的7。自古以來就是軍師或謀事的代名詞，因為善於分析的優點，加上女性天生的細膩，在企劃研究上的成績必定斐然。雖不若1、8在工作上較強悍的作風，

這種的職場女強人仍不失其女性擁有的柔軟特質。

　　在現今社會中，或許女性已經可以走出傳統角色，在事業上與男人一較長短，但由男人主導的社會已經歷經了千百年，自有其難以攻破的文化特質，女性在工作上會遇到的瓶頸和壓力可以想見。所以「職場女強人」不僅僅是一個封號，更代表了這些女性在工作上所付出超出常人的毅力與努力。

你是婆婆媽媽嗎

　　生日加總後的總數即是所謂的基因數，第二個數字若為7，例如27/9、37/10/1、17/8……，即為婆婆媽媽悶鍋數。個性常會因為怕說出心裡話會讓別人不舒服，或讓別人難做人，或擔心別人生氣，所以常常會發生「心口不一」的現象。

　　所以如果能取得他的信任，甚至說出心裡話而不擔心受傷或遭秋後算帳時，他將會把您當作知己，甚至為您無條件付出都可以。

婆婆媽媽嘮叨數：

　　生命數字是2或6的人均屬之，例如：29/11/2、38/11/2……，24/6、33/6……，較喜歡碎碎唸，看到不順眼的事物會唸個不停，就怕被唸的人或孩子聽不懂學不會，擔心再度發生，就會一直唸希望對方記住不再犯。

別當顧人怨的人

　　有許多人講話不自覺的會讓人覺得不舒服甚至討厭，了解自己可以避免不必要之誤會，只要掌握一點點方式就可以讓自己更有人緣。

1、8：顧人怨指數90%

　　屬於有話直說，不太顧及對方感受，所以會導致對方心裡非常不舒服。

4、7：顧人怨指數70%

　　常常會講真話但不會講對話，常會導致許多時候會講了不該說的話而不自覺。

3、5：顧人怨指數60%

只說自己想說的話，甚至會惡整他人，故而常常會有種把自己快樂建築在別人傷害上。

2、6、9：顧人怨指數40%

會很敏感在乎對方感受，所以說話較婉轉，但卻給人鄉愿、濫好人的感覺。

你怕鬼嗎 膽小指數

　　常常有人疑神疑鬼或較易感受到不同的磁場，有人比較大膽，也有人比較怕黑，就生命靈數歸類亦有跡可尋，就讓我們了解一下所謂膽小指數囉！

1、8：膽小指數90%

　　屬於大膽一族，比較不相信鬼神說，比較敢嘗試，神經也比較大條，比較不容易被嚇到，但也因為大膽嘗試所以會有機會遇到喔！

3、5：膽小指數80%

　　屬於較敏感型，很容易被當時氣氛和氛圍所影響，比較不敢單獨一個人走夜路和在家，但也喜歡嚇別人，所以容易被人嚇亦容易自己嚇自己。

2、6、9：膽小指數50%

　　屬於經驗值型，如果曾經發生不好的經驗，就較為膽小，較不會輕易冒險，所以也不容易遇到不該遇到的事情。

4、7：膽小指數40%

　　屬於講求事實的人，較重邏輯和科學證據，會有驗證和求證的勇氣，但會做好保護自己措施。

國家圖書館出版品預行編目資料

開運一本通／鄭雅勻著.
－－第一版－－臺北市：知青頻道出版；
紅螞蟻圖書發行，2013.2
面 ； 公分－－（開運隨身寶；1）
ISBN 978-986-6030-58-1（平裝）

1.開運法

295.7   102001790

開運隨身寶 1

開運一本通

作　　者／鄭雅勻
插　　圖／Kendi
美術構成／Chris' office
校　　對／周英嬌、楊安妮、鄭雅勻
發 行 人／賴秀珍
總 編 輯／何南輝
出　　版／知青頻道出版有限公司
發　　行／紅螞蟻圖書有限公司
地　　址／台北市內湖區舊宗路二段121巷19號（紅螞蟻資訊大樓）
網　　站／www.e-redant.com
郵撥帳號／1604621-1　紅螞蟻圖書有限公司
電　　話／(02)2795-3656（代表號）
傳　　真／(02)2795-4100
登 記 證／局版北市業字第796號
法律顧問／許晏賓律師
印 刷 廠／卡樂彩色製版印刷有限公司
出版日期／2013年 2月　第一版第一刷
　　　　　2016年 4月　　　　第二刷
定價 168 元　港幣 56 元

ISBN　978-986-6030-58-1　　　　　　　　Printed in Taiwan